AF563007

ACADÉMIE
DES
SCIENCES, BELLES-LETTRES ET ARTS
DE BESANÇON

DES DANGERS

QU'AU MILIEU DU SIÈCLE DERNIER
COURAIENT
LES PROCUREURS DU ROI ET LEURS FAMILLES
A L'OCCASION DE LA RÉPRESSION DU BRIGANDAGE

PAR M. JEANNEZ
CONSEILLER.

BESANÇON
IMPRIMERIE D'OUTHENIN-CHALANDRE FILS

1868

ACADÉMIE

DES

SCIENCES, BELLES-LETTRES ET ARTS

DE BESANÇON

SÉANCE PUBLIQUE DU 28 JANVIER 1868

Président annuel, M. JEANNEZ

DISCOURS DE M. LE PRÉSIDENT

Des dangers, qu'au milieu du siècle dernier, couraient les Procureurs du Roi et leurs familles à l'occasion de la répression du brigandage.

MESSIEURS,

Vous m'avez appelé à la présidence annuelle, merci de vos suffrages. Dieu m'est témoin que je n'ai jamais espéré cette haute distinction, « d'autant que j'ay l'âme poltrone, que je ne mesure pas la bonne fortune selon sa haulteur : je la mesure selon sa facilité. Mais si je n'ay point le cœur gros assez, je l'ay à l'équipollent ouvert et qui m'ordonne de publier hardiment sa foiblesse (1). »

(1) MONTAIGNE, liv. III, ch. VII, *De l'incommodité de la grandeur.*

Publions-la donc cette faiblesse : jamais je n'ai su prévoir l'avenir ; j'aime avec délices paresser, passez-moi cette expression familière, après les longs et durs labeurs ; je ne sais rien amasser pour les besoins imprévus, pour les heures fortunées.

Insouciant comme la cigale, je n'ai pas même chanté au temps chaud ; ou si j'ai chanté d'aventure, j'ai laissé la brise emporter mes chants sur ses ailes vagabondes. Que faire alors pour être digne de prendre la parole dans cette fête de l'intelligence ?

J'y songeais sur le Mont-Roland, cette sentinelle isolée et poétique perdue entre les deux Bourgognes, d'où la vue plonge sur un panorama si vaste, tour à tour si riant, si varié, si imposant. En face de ces tableaux sublimes, baigné de l'air pur qui apporte avec lui le far-niente et l'oubli, qui rend si agréablement indolent, mon esprit cherchait une pensée heureuse ; mais bientôt il oubliait sa recherche pour courir après le songe aimé et s'enfuyait inconscient comme les nuages qui se perdaient à l'horizon. Quand je pouvais le ressaisir, l'inévitable que faire ? descendait de mon cerveau à mes lèvres, et j'étais plus embarrassé que jamais. Demanderais-je à ma profession une dissertation sévère sur les éléments du droit ? Interrogerais-je l'histoire de notre chère Franche-Comté pour y puiser la première partie du tribut présidentiel ? Pour cela il m'eût fallu une bibliothèque, et, vous le savez tous, les aromes âpres et embaumés de l'automne mettent en fuite les livres et les travaux sérieux. Développerais-je une pensée philosophique ? Dans ces instants embellis par la liberté des champs elle eût perdu les rigueurs de la saine doctrine, elle n'eût pu revêtir que les charmes trompeurs d'un épicuréisme malséant.

Que faire donc ? Tout à coup ma pensée rencontre des souvenirs d'enfance, souvenirs pleins de parfums lointains, effacés, doux encore pour l'être dans lequel ils se sont incarnés, mais presque toujours privés d'intérêt pour ceux qui n'ont pas vécu de sa vie. Cependant, permettez-moi, Messieurs, d'en traduire quelques-uns pour vous; si l'audace est grande, vous l'excuserez, vous qui avez été si bienveillants pour moi.

« La principale chose qui soutient les hommes dans les grandes charges, d'ailleurs si pénibles, a dit Pascal (1), c'est qu'ils sont sans cesse détournés de penser à eux. » Ainsi je ne penserai plus à moi, « à ma bonne fortune », je vivrai dans ces temps lointains où j'ignorais, naïf enfant, qu'il existât des savants et des académies ; alors mon cœur oubliera sa faiblesse native, il reprendra le courage dont il a tant besoin. Dans ces courts récits votre grave assemblée trouvera des épisodes qui seront dignes d'elle, d'autres qui peut-être appelleront le sourire sur ses lèvres sérieuses. Tous d'ailleurs se rattachent à la profession qui eut tant d'attraits pour moi, à cette magistrature militante du parquet qui demande à ses officiers le talent de bien dire, la promptitude du coup d'œil, la rectitude du jugement et le froid courage civil, ce courage si difficile à conquérir.

(1) *Pensées*, 1re part., art. VII.

Mon trisaïeul maternel, M. Billot, procureur du roi au bailliage de Poligny (1), avait plusieurs de ces qualités: il apportait dans l'exercice de son importante charge, l'amour du devoir, l'activité, la résolution et l'énergie. C'est à sa vie de magistrat que je vais emprunter ces simples causeries.

Au point de vue des dangers que la répression du brigandage attirait à cette époque, déjà bien loin de nous, sur les procureurs du roi et sur leurs familles, ces pages offriront de l'intérêt, peut-être. De nos jours, quelque pervers que soit le coupable contre lequel les chefs des parquets sont obligés de s'armer des rigueurs de la loi, il est extrêmement rare qu'ils en reçoivent injures, menaces ou agressions; surtout les fastes judiciaires n'enregistrent presque jamais des attentats dont leurs familles aient éte victimes à cette occasion. La civilisation a fait sentir son influence même aux plus éhontés malfaiteurs. Il n'en était pas ainsi au milieu du XVIIIe siècle; les brigands étaient plus sauvages, plus vindicatifs, et quand leurs coups ne pouvaient atteindre le magistrat instructeur, ils ne craignaient pas d'étendre leurs vengeances sur ses biens et sur sa famille. Une bonne vieille ursuline, petite-fille de M. Billot, m'a raconté les dangers qu'il avait courus et les attaques dirigées contre sa fille et ses fils. Son récit, empreint de terreur, fait dans les lieux mêmes où les scènes principales s'étaient passées, s'est imprimé dans ma jeune cervelle, j'ai frissonné; puis, aux moments

(1) Commission de conseiller procureur du roi au bailliage de Poligny en faveur du sieur Henri-François Billot, avocat au parlement, 9 juillet 1735. (Chambre des comptes, reg. 73, folio 319 v°.)

les plus palpitants, je m'enroulais, affolé de peur, dans les vêtements de la narratrice, craignant d'apercevoir un terrible scélérat dont elle me retraçait les hauts faits. La situation de la maison où ma tante était née, dans laquelle sa jeunesse s'était écoulée avant son entrée au couvent, où se passa un des faits capitaux de l'histoire qu'elle redisait pour la centième fois peut-être, avait une influence sérieuse sur la forme de son récit et lui donnait une saveur toute légendaire. Une vigne traversée par une allée de grands arbres fruitiers, partant de l'habitation, la séparait seule d'une forêt au sombre aspect, aux chênes séculaires, aux fourrés impénétrables. Ainsi un objet de terreur servait de premier plan au tableau que peignait sa main tremblante.

Chaplambert, hameau de la commune de Mantry, dont elle faisait partie, est situé entre le château d'Arlay, cette aire écroulée des Châlon, au midi, celui de Toulouse au nord, la Bresse au couchant, cette froide et pauvre Bresse comtoise si hantée par les loups, si lugubre quand la neige étend sur elle son manteau monotone et glacé. Sans les éminences qui abritent le hameau à l'est et au sud-est, le paysan pourrait voir se dresser devant lui le manoir de Frontenay ; Château-Châlon, où se tient encore ferme et debout la carcasse millenaire de Château-Charlon ; plus bas son œil s'arrêterait avec envie sur les vignobles fameux qui font bénir par les gourmets l'abbesse qui demanda aux ceps d'Inguelheim, le trésor de leurs grappes parfumées, enfin le donjon du Pin complète pour ce hameau une ceinture poétique, et l'esprit reste émerveillé devant une riche moisson de souvenirs de guerre, de sorcellerie et de nobles chevauchées.

Ces châteaux haut perchés sont les séjours favoris de la vouivre. La pieuse ursuline me redisait les voyages de ce serpent ailé, elle me recommandait fort de ne pas y croire, affirmant que ces serpents n'existaient que dans les contes; mais elle avait une foi si ferme dans la puissance maudite du diable, elle redoutait si fort les maléfices qu'il emploie pour damner les pauvres humains, que, j'en suis persuadé, elle y croyait elle-même. L'escarboucle, œil du dragon qu'il dépose auprès des fontaines quand il va s'y désaltérer, était à ses yeux un appât tendu à la cupidité des paysans, un moyen de les égarer quand le vin parfumé de leurs côtes avait troublé leurs crédules cervelles; ainsi Satan cherchait à les faire mourir privés des secours suprêmes de la religion.

Mais abandonnons l'inoffensif serpent ailé pour nous occuper d'un démon cruel et sinistre, du brigand Chavanne, et de sa bande de sacripans. Tout ce que j'en sais je le tiens de ma bonne grand'tante; je m'étais promis, lorsque mes fonctions m'appelèrent dans le Jura, de faire des recherches sur Chavanne et le procureur du roi Billot, son implacable adversaire. Des travaux plus sérieux et plus pressants m'ont empêché de réaliser mon désir; si donc je viens à commettre des inexactitudes historiques, elles seront péchés véniels à la charge de l'âme de la pieuse ursuline : léger fardeau pour toi, pauvre fille simple, mais douée d'un grand art, celui d'être dévouée jusqu'au sacrifice pour les tiens, et en particulier pour moi, indigne narrateur en sous-ordre.

Chavanne, à la tête d'une bande nombreuse, jetait la terreur dans le bailliage de Poligny et dans une partie de celui de Lons-le-Saunier; des méfaits de toute sorte lui étaient reprochés : Voitures publiques arrêtées, voyageurs détroussés, maisons des riches mises au pillage. Il en voulait surtout aux gabeloux; il les avait en exécration; plusieurs avaient payé de leur vie la répression abhorrée de la contrebande du sel, et les survivants osaient à peine courir sus aux contrebandiers protégés par le redoutable brigand (1).

(1) Le roi avait seul le droit de vendre le sel; il le vendait *douze fois sa valeur*. Colbert, ému des plaintes que soulevait cet impôt, essaya d'établir une organisation moins arbitraire et de simplifier sa perception. Ses sages réglements ne lui survécurent pas. Les pauvres n'avaient pas le droit de se résigner à ne pas saler leurs aliments : l'usage du sel était obligatoire; d'après l'ordonnance, chaque personne au-dessus de sept ans devait acheter au grenier du roi sept livres de sel; c'est ce qu'on appelait le *sel du devoir*. Ces sept livres ne pouvaient servir aux grosses salaisons; elles étaient seulement pour *pot et salières* (art. 32 de l'ordonnance de 1680), à peine de 300 livres d'amende, restitutions des droits de gabelle et confiscation des chairs salées. Contre ceux qui se refusaient au droit de gabelle on employait la contrainte par corps. Les grands seigneurs, les membres des parlements, les gens de cour, recevaient des distributions gratuites sous le nom de *francs-salés*, et y attachaient une idée d'honneur.

Il fallait de nombreux commis pour surveiller l'impôt de la gabelle. Le prix du sel variait d'une province à l'autre. La France se divisait en pays de *grande gabelle*, où le sel se payait jusqu'à 60 fr. le quintal; de *petite gabelle*, où il valait 50, 55, 58 fr. le quintal; en pays *rédimé de la gabelle*, où il descendait de 10 à 8 fr.; en pays *de salines*, où il variait entre 15 et 36 fr.; en pays de *quart-bouillon*, où il coûtait de 10 à 13 fr.; en pays *exempts ou francs*, où il ne valait que 8, 4 et même 2 fr. le quintal. Cette inégalité offrait une prime séduisante à l'audace du contrebandier. En Franche-Comté, province rangée parmi les *pays de salines*, une foule de malheureux n'avaient d'autres ressources que le métier de faux saunier, et ils bravaient à

Où Chavanne est-il né ? Son nom semble indiquer un enfant du Jura dont le berceau a été abrité dans un des villages voisins de la petite ville de Sellières, ou de la riante et hospitalière cité de Lons-le-Saunier. Qu'elle fut la cause de sa vie aventureuse ? Je ne l'ai jamais su. A la haine qu'il portait aux gabeloux, on peut croire qu'il a passé par la contrebande du sel, dont la répression était si sévère, pour arriver au vol à main armée et à l'assassinat.

Les cavaliers de la maréchaussée avaient reçu des ordres pressants de s'emparer de lui, mais ils agissaient

cette fin les peines édictées par les ordonnances. — Voir DALLOZ, *Jurisprudence générale*, v° *Impôts*. ROUGEBIEF, *Histoire de la Franche-Comté ancienne et moderne*, p. 592 et suiv.

On appelait faux saunage en général toute vente ou débit qui se faisait du sel, soit celui venant de pays étrangers sans permission par écrit du roi, soit même du sel du royaume qui serait pris ailleurs que dans les greniers et regrats du roi. Il est parlé de cette espèce de fraude dans l'ordonnance des gabelles du mois de mai 1680, tit. 17, art. 1 et 2, dont les dispositions ont été renouvelées ou augmentées successivement par l'édit d'août 1683 et par les déclarations du 23 mars 1688, 16 octobre 1696, 5 juillet 1704, 21 avril 1705 et 12 juin 1722. L'art. 3 du titre 17 de l'ordonnance édictait contre les hommes coupables du faux saunage, s'ils étaient attroupés en armes, neuf ans de galères et 500 livres d'amende, en cas de récidive ils devaient être pendus et étranglés; sans armes avec chevaux, harnais, charrettes ou bateaux, pour la première fois, 300 liv. d'amende, en cas de récidive, les galères pour neuf ans et 400 livres d'amende ; sans arme à porte-col, pour la première fois 200 livr. d'amende, en cas de récidive les galères pour six ans et 300 liv. d'amende. Les peines portées par l'art. 5 contre les femmes qui faisaient le faux saunage étaient de 100 liv. d'amende pour la première fois, celle du fouet et 300 liv. d'amende pour la seconde, et enfin du bannissement perpétuel hors du royaume en cas de récidive. La même ordonnance déchargeait de toute poursuite ceux qui auraient tué de faux sauniers « en résistant. » Pour plus de détails voir Muyard de Vouglans, *Lois criminelles*, liv. III, tit. 8, § 2.

avec mollesse ; ils savaient qu'il ne plaisantait pas et qu'il ne leur eût pas plus fait grâce, s'ils eussent tenté de l'arrêter, qu'à un gabelou en exercice qu'il eût trouvé sur son chemin. Aussi le bandit continuait-il à leur barbe ses courses effrontées, la tête haute et le verbe railleur.

M. Billot, indigné d'une semblable couardise, se mit à la tête de cette trop prudente milice ; mais ses expéditions ne furent pas heureuses ; Chavanne, sans doute averti, lui échappait sans cesse ; souvent trompé par de faux rapports, le procureur du roi courait les forêts quand l'objet de sa poursuite *travaillait* à son aise dans une localité éloignée. Mon bon aïeul enrageait de tout son cœur, car il paraît que la patience n'était pas sa vertu favorite.

A l'instant où nos héros entrent en scène, les environs de Sellières, si couverts de vastes forêts, étaient le lieu de refuge de Chavanne et de sa troupe. Le chef régnait sur ses hommes comme un despote absolu. Il avait obtenu d'eux l'obéissance la plus passive ; ces êtres sans foi ni loi observaient sans murmurer sa discipline de fer ; c'est qu'aussi il avait d'énergiques moyens de les rappeler au devoir.

Une nuit il était venu avec toute sa bande prendre un repas dans une auberge de Sellières. Il faisait annoncer sa venue aux hôteliers, qui n'avaient garde de le dénoncer, car il payait sans marchander ; d'ailleurs tous savaient qu'il eût été dangereux de lui refuser l'hospitalité. Chavanne voulait que dans ces occasions ses rapaces compagnons fissent patte de velours, se montrassent pénétrés de respect pour la propriété de leur hôte; c'était une bonne et sage politique. Cette nuit-là, un nouveau venu qui ne pouvait croire que les recommandations du chef fussent sérieuses, s'appropria un objet en argent de quelque valeur. Le repas terminé, tous les brigands, se dirigeant vers les grands bois de la communauté de Colonne, étaient près d'atteindre le village de la Charme, situé à deux kilomètres de Sellières, quand Chavanne entend des pas précipités, voit arriver un homme qui court à perte d'haleine et semble vouloir le rattraper. Est-ce un avis qu'on vient lui donner? Il s'arrête, et bientôt il reconnaît l'hôtelier qui, confiant dans sa parole, venait réclamer son bijou. Chavanne le félicite d'avoir eu foi en lui, fait former le cercle à sa bande, fouille un à un ses hommes silencieux, retrouve l'objet volé, le rend à son propriétaire et le congédie. A peine celui-ci a-t-il tourné les talons qu'un coup de pistolet réveille les échos endormis des bois; au jour naissant on retrouva abandonné sur la route le corps du brigand tué par le terrible justicier.

Régnant ainsi sur ses hommes par la terreur, Chavanne pensa que si M. Billot était incapable de crainte pour lui-même, il tremblerait pour les siens. Il le fit avertir de sa volonté de se venger sur eux. La poursuite n'en fut que plus ardente et le brigand serré de plus près.

M. Billot possédait une maison à Sellières dans laquelle il passait les vacances, et que souvent, dans le cours de l'année, venaient habiter quelques-uns des siens. Le mois de novembre tirait à sa fin, et les épais brouillards, froids enfants des étangs de la Bresse, couvraient la petite ville de leurs ténèbres empestées ; le marteau avait frappé six coups au clocher de l'église ; un des fils de M. Billot et sa fille, ma bisaïeule, entraient, en se donnant le bras, dans une auberge du faubourg. Un coup de feu retentit ; une balle sifflant entre leurs têtes pénètre dans la maison, et va frapper le manteau de la cheminée de la cuisine ; un miracle avait sauvé leurs jours : la balle, passant en biais, avait effleuré le visage de mon arrière grand'mère. Le frère et la sœur distinguèrent à peine une ombre qui disparaissait dans l'obscurité, c'était Chavanne. Il ne laissa pas ignorer à M. Billot son dépit d'avoir manqué son coup et la revanche qu'il espérait prendre dans peu. Elle ne tarda pas, mais elle échoua de nouveau, emportant avec elle un certain côté comique.

Depuis peu de temps, Mlle Billot avait épousé M. Titon, conseiller référendaire à la chambre des comptes de Dole (1). Pendant que son mari vaquait aux devoirs de sa charge, elle habitait la maison de Chaplambert dont nous avons décrit plus haut la situation. Les espions de Chavanne l'avaient informé que Mme Titon était seule au logis avec une domestique. Il résolut de s'emparer d'elle pour s'en faire un ôtage et paralyser les poursuites incessantes de l'infatigable procureur du roi. Mme Titon avait sept frères, tous plus endiablés les uns que les

(1) Claude-Etienne Joseph Titon fut nommé le 2 avril 1737 conseiller référendaire de la chancellerie près la cour des comptes, en remplacement de Pierre Titon, son père. (Chambre des comptes, reg. 101, folio 207 v°.)

autres, et qui cependant n'ont pas laissé de postérité masculine. Le plus écervelé de tous peut-être, ayant appris la présence de Chavanne dans les environs de Chaplambert, accourut, armé de son fusil, pour protéger sa sœur; déjà pour le même motif, elle avait mandé un de ses fermiers, grand et robuste gaillard sur qui elle pouvait compter au besoin. A peine est-il entré que M. Billot veut qu'il reparte, prétendant que sa présence est inutile et que lui est assez fort pour tenir tête à Chavanne et à tous ses brigands. Ce fut à grande peine que Mme Titon obtint que le fermier passerait la nuit avec eux, faisant observer à son frère que cet homme, par une nuit obscure et des chemins de traverse détestables, ne pourrait sans danger regagner Frangy, hameau de Toulouse, où il demeurait. Son bouillant défenseur ainsi apaisé, elle plaça le fermier en sentinelle à la cuisine, dont la fenêtre permettait de voir ceux qui montaient l'escalier extérieur, mais ne pouvait, à cause de son élévation, être escaladée que par des hommes munis d'échelles. Vers onze heures le fermier entend monter à pas de loup, plusieurs hommes se suivent; c'est Chavanne et trois des siens. A peine averti, M. Billot saute sur son fusil, ordonne à sa sœur de lui ouvrir la porte ; il lui faut les bandits face à face. Mme Titon refuse ; c'était une femme de tête et d'action; elle entr'ouvre la fenêtre de la cuisine, fait passer par l'ouverture le canon d'un fusil et se souvenant de ses lectures, ou peut-être puisant dans son imagination, car, à cette époque les femmes, en province, soit qu'elles fussent nobles ou appartînssent à la bourgeoisie, étaient peu lettrées, elle renouvelle la scène de l'intermède du *Malade imaginaire* dans laquelle polichinelle, pour effrayer le guet, fait appel aux laquais qu'il n'a pas; elle feint de s'adresser à de nombreux défenseurs : *Pierre, Paul, François, Simon, tirez sur ces gredins et ne les manquez pas !* Chavanne incapable de deviner cette ruse, d'ailleurs n'ayant pas le temps de la réflexion, donne aux siens le signal de la retraite. Ici nouvelle scène à l'intérieur : mon oncle, qui n'a pu affronter les brigands, veut que sa sœur lui ouvre la porte afin qu'il les poursuive et en purge le pays. La discussion est ardente ; enfin, comme il connaît la fermeté de Mme Titon, qu'il sait qu'ayant la clef dans sa poche, la violence seule pourrait la lui arracher, il est obligé de calmer son humeur belliqueuse et d'aller, en maugréant, rêver de Chavanne entre deux draps.

Peu de jours après cette aventure, à quelques centaines de pas du lieu où elle s'était passée, Chavanne fit trève pour un moment à sa sombre et farouche humeur. A la pointe du bois de Chaplambert, au-dessus de la Gallemarde, montée assez raide dont les côtés sont bordés à l'est par le bois de Néprans et au couchant par les grands chênes de la forêt des Hays, un cri perçant se fit entendre. La nuit avait atteint plus de la moitié de son cours, bientôt les cris se succèdent plus pressés, plus déchirants et arrivent au paroxisme de la fureur impuissante. Qui donc est assez audacieux pour arrêter un voyageur sur les domaines de Chavanne et quand Chavanne est présent ? Le brigand sort du bois des Hays, il hâte le pas ; la nuit n'étant pas très-obscure, il voit un homme et une vieille paysanne tirant un petit sac par les deux extrémités. Il a compris le sujet du débat, il fait un signe, les combattants sont environnés. Surprise d'abord, la vieille femme reconnaît Chavanne. C'est un protecteur, elle reprend tout son courage, donne une vigoureuse secousse, et le sac reste dans ses mains victorieuses. Le pauvre gabelou, car c'en était un, qui avait osé la poursuivre si loin de Sellières, est frappé d'épouvante ; déjà il avait été en présence de Chavanne et ne lui avait échappé que par une prompte fuite. Maintenant elle était impossible. *A genoux, misérable*, lui crie le brigand en lui appliquant sur le front le canon d'un pistolet armé, — *tes persécutions sont finies, le diable ait ton âme !* Le pauvre homme tombe à genoux, les mains suppliantes ; la sueur coule sur son front glacé, l'angoisse lui serre la gorge... Tout à coup Chavanne part d'un éclat de rire qui étonne ses compagnons eux-mêmes, peu habitués à le voir en gaîté, surtout en pareille occasion. Le gabelou a senti le pistolet quitter son front, il ne sait s'il doit espérer. Jamais Chavanne n'a pardonné à ceux qui répriment la contrebande. *Allons, lève-toi ; je ne sais pourquoi cette nuit je suis en veine de miséricorde, car le métier va mal. Mais ne crois pas en être quitte ainsi, voici ce que je veux, et surtout pas de réplique, ou je te fais sauter la cervelle. Viens ici, la vieille ; toi gabelou, tu vas...* Ici la plume se refuse à la narration, il n'y a qu'un *intendit* (réquisitoire) de procès en matière de sorcellerie qui ait le privilége de raconter sans pudeur quels baisers Satan recevait au sabbat en signe d'hommage-lige de ses sujets. Le pauvre gabelou dût s'exécuter, les brigands se tordaient de rire, la vieille se rajustant, s'en alla du côté de Chaplambert avec son précieux sac, et le douanier, aidé par un coup de pied de Chavanne, descendit à toutes jambes la Gallemarde, heureux d'en être quitte à si bon marché. Il fut discret et ne se vanta pas de son bonheur ; mais la vieille femme ne put se taire.

Rien ne pèse tant qu'un secret ;
Le porter loin est difficile aux dames.

Cependant Chavanne ne pouvait impunément continuer ses déprédations audacieuses ; par d'incessantes poursuites, M. Billot dispersa ou prit ses compagnons, et le contraignit lui-même à la fuite. Sa tête fut mise à prix, et son signalement envoyé dans toutes les directions.

Un soir d'hiver, un homme harrassé de fatigue arrive dans l'auberge d'un village dont j'ai oublié le nom, et qui est situé dans la partie montagneuse du Jura. La femme de l'aubergiste l'invite à prendre place au coin du foyer en attendant le souper. Bientôt vaincu par le sommeil, le voyageur s'endort. L'hôtelière l'examine avec curiosité, ses vêtements sont en désordre, sa figure barbue est empreinte d'une sauvage énergie ; un soupçon la saisit, elle regarde de plus près : cet homme doit être Chavanne dont on lui a lu le signalement. Elle se hâte d'envoyer sa servante prévenir le seigneur. Celui-ci qui était brave et surtout homme d'exécution, garnit son manchon de deux pistolets, suit la messagère et bientôt il entre sans bruit dans la cuisine de l'auberge où le voyageur est toujours sous les étreintes d'un profond sommeil. Il n'a plus de doute, un signalement ne peut tracer un portrait plus frappant; sans hésiter, il brûle la cervelle au dormeur. A-t-il bien tué Chavanne? Qui le sait! L'inconnu n'a pas réclamé et sa mort a peut-être assuré la fuite du vrai brigand. Heureux temps! on ne s'empêtrait pas dans de vaines formalités judiciaires et personne n'aurait pu dire, comme on l'a si souvent répété de nos jours: « La légalité nous tue. »

Ma grand'tante me redisait encore comment M. Billot avait été mandé un soir par son ami le curé de Plane, chez qui deux sœurs quêteuses aux allures masculines s'étaient présentées pour passer la nuit; comment il était arrivé au presbytère avec des exempts déguisés sous prétexte de demander à souper, comment le curé l'avait placé à table entre les deux religieuses parfaitement enveloppées dans leurs voiles, et dont le visage constamment baissé ne permettait pas de distinguer les traits; comment deux exempts avaient été placés de chaque côté des quêteuses; comment pour découvrir leur sexe le procureur du roi, faisant le galant avec elles, ayant poussé la légèreté jusqu'à leur pincer le genou, avait senti, ce dont il cherchait à s'assurer, un pantalon sous leurs robes, et par un brusque mouvement arrachant la guimpe de l'une d'elles, avait découvert un homme qui fut tout de suite arrêté ainsi que son compagnon; tous deux étaient porteurs de pistolets et de longs couteaux bien affilés. Il avait cette fois sauvé la vie au curé, qui fut assassiné plus tard ainsi que sa servante.

Le seigneur n'aurait pas pris tant de précautions; sans hésiter il eût fait saisir les religieuses, sauf à examiner après si la capture était légale. A cette époque, comme il le fait à présent, le magistrat respectait la légalité et la liberté individuelle ; dans ces temps, loins de nous d'un siècle, les chefs de parquet donnaient un exemple qu'ont suivi ceux de nos jours; dans l'exercice de leurs délicates fonctions ils n'avaient d'autre guide que leur conscience, d'autre crainte que celle de Dieu.

M. Billot eut une fin prématurée (1). Il était venu au mois de novembre passer une nuit dans sa maison de Sellières. Il poursuivait des voleurs cachés près de la petite ville. En dormant il rève qu'il les voit ; il va les saisir, il s'élance. Hélas, il tombe sur des meubles placés devant son lit; brisé par cette chute, quatre mois après il dut résilier ses fonctions et bientôt il expira.

Puisse, Messieurs, ce modeste récit avoir trouvé grâce devant vous; j'en serais doublement heureux : d'abord j'aurais eu le bonheur de vous plaire, puis ce serait un dernier service que du haut du ciel m'aurait rendu ma vieille tante bien-aimée.

(1) Le 30 mars 1761 il résigna sa provision en faveur de Jacques-Alexis Grand, avocat au parlement, qui fut nommé le 12 mai suivant. (Chambre des comptes, reg. 101, folio 445).

www.ingramcontent.com/pod-product-compliance
Lightning Source LLC
LaVergne TN
LVHW010249230826
846091LV00007B/2884

* 9 7 8 2 0 1 1 7 8 3 3 1 8 *